Put ka sreći

Branka Radović

Put ka sreći

Branka Radović

Bibliografische Information der Deutschen Nationalbibliothek:
Die Deutsche Nationalbibliothek verzeichnet diese Publikation in der
Deutschen Nationalbibliografie; detaillierte bibliografische Daten sind im
Internet über http://dnb.dnb.de abrufbar.

Design: Marina Milutinov

Herstellung und Verlag: BoD – Books on Demand, Norderstedt

ISBN: 978-3-7448-1764-6

UVOD

Da li ste ikada hodili na putu sreće

Dajte mi šansu da vas povedem,

opustite se i uspjeće.

Iz ponosa moga, moga strašnog pada

Navela me jedna želja, da vam pokažem kako se stiže i do veselja.

Ta tama biješe kao bjes crna

Ali ubrzo dođoše dani sreće mira

A i spokoja...

Moj život je upravo jedna staza,

put koji me natjera da prebrdodim

sve krize i obilježim moj život

poljima sreće.

Uspon pad uspon...

NJENE GREŠKE
PRATIO JE SVAKO

Na kapiji zvana život

stajala je ona,

po prvi put željna

iskrenog pardona.

Niko nije znao

opraštati lako

svaku njenu grešku

pratio je svako

Dok su drugi uspješno

rješavali zamišljeni cilj

ona je suze lagano lila

ne znajući šta joj se desi.

Jer kada je ona

gazila tako lako

njene greške pratio je svako.

BAJKA ZIMSKE IDILE

Po hladnome zimskom jutru

idila je bila

osjetim zvuk ispod nogu, pršti snjeg

a ja vesela i čila.

Lagan hod tešku tugu nosi

oh, kako bi se izuli bosi.

Moj život je moja tajna

oh idilo velika

baš si bajna.

VJETAR

Duvao tako snazno, jako
u daljine se razvio
da ga osjeti svako.

Jeza, strašna
kroz tjelo prolazi
a tako se slabo
snalazim.

Nosio je sa sobom
on,
neki čudan nemir
iako se igrao sa mnom.

HEJ BORBO

Hej dobro gdje si
tu si kraj mene
pusti me da se
ka uspjehu okrenem.

Toliko sam morala sama
toliko tuge i bola,
ali opet vinuh se lako
uspjehu srećo moja.

Sada nisam ona stara
gazim ne pitam kuda
otisak moje stope
ima ga svukuda.

Naučena na realnost
života pravu,
ponosna dižem glavu.

IZ DANA U DAN

Iz dana u dan

tama sve veća

nikako da krene

nedohvatljiva sreća.

Lebdi u zraku

lagano

tinja kao oganj

spontano.

Veselo je nekad

bilo

tad je bila uz nas

a sada je tražim

da pronađe nas.

IZGLED, JUBAV, DOBROTA

U životu ovom,

najviše su me koštala tri pojma

izgled, ljubav, dobrota.

Ali zašto?

Nema pojma.

Čudni neki ljudi

u život ti se mješaju

sreća, tu nisi ti,

moj voljeni.

Izgled, Ljubav i dobrota

neka to bude

njihova sramota.

MOJ SAN

Sa prozora spavaće sobe
posmatrala je prekrasni dan
krupne suze lila
jer shvatila je ovo nije san.

Realnost kobna, naglo je tresla
svaki njen damar, svaki njen stav
o živote ne izdaj ne budi kao mrav.

Dobra je bila strašna
borba iz dana u dan
o sudbino ne dozvoli da
budem uvijek sam.

Sam odbaćen od sviju
sam iz dana u dan
oh vrati me u onaj
moj nedosanjani san.

HLADNE ZIMSKE NOĆI
(MONA)

U hladnoj zimskoj noći

uz obećanje da ćeš doći.

Na pragu, trošne kuće

Stajala je ona gorke suze lila, čekajući,

zvala se Mona.

Mona kao Monika

njeno ime pravo

o, baš je to lijepo

i baš zvuči zdravo.

Njen život nije bio

nimalo lak, ali imala,

je ipak karater jak.

KUMA SUZA

Iz dragog mi djela Bosne
kao najljepša morska muza
dolazi moj dio sreće
moja draga kuma Suza.

Kao sestre pazimo se
i uvjek je tako bilo
ti si mi ko oka sjaj
moja draga vilo.

Ostani mi uvjek takva
pozitivna, draga, čila,
time dižeš do nebesa
i uvjek si takva bila.

VELIKA TOPLINA

U raskošu tvoga porodičnog gnjezda
i u njemu neke velike topline
pravio si danas slavu
ti voljeni majčin sine.

Gledali smo te, kume,
uvijek kao brata
što mi ga ne
rodiše mama i tata.

Na nebu je uvijek
bog prvi broj
na zemlji si ti
kume moj.

TEŠKE MUKE

Na prašnjavom putu
mome idem svaki dan gazim
ali bože zašto izgleda
da uvijek prolazim po istoj stazi.

Gaziti ga nije lako
teške se muke
stalno vraćaju
nikako da se
samo u jednu sjedinuju.

Jedna dođe i prođe
završiš sa njom lako
ali to nažalost dolazi lanćano tako.

MOJA DANI

Kao gorska vila
diže se u visine lako
tvoju tešku bitku
nije mogao razumjeti svako.

Rođena si brate
za kraljicu pravu
odoljet se ne može
tvome žaru.

Uzdižeš do nebesa
to ti struka
digla si se vilo i
dalje od pravoga vuka.

Ponosna si vilo
uspjesi te gone
pojam za budućnost
u oku je tvome.

MOJ ANĐEO ČUVAR

Po plavetnilu nebeskog

svoda

mislim da potajno tamo neko hoda.

Moj anđeo čuvar

tamo je sada

moj tata, sigurno mlad

kao nekada.

Život te rano od nas

odnio gore

o kako ne dostaješ

ti naš najmili stvore.

T R A G E D I J A

Tragedija strašna

pogodi nas danas

režim je zakazao

srbijo dosta je i vas.

Tako strašan ćin

odigrao se u školi

gdje djeca nešto uće

gdje svako nekog voli.

Crni majčin sine

bolje bi bilo da nisi.

Ali sudbina ti je takva

jesi i odgovaraj kriv si.

Da li ćeš ikada

ikome u oči pogledati pravo

da li će tvoji roditelji ikad

ikome moći reći zdravo.

MOJ SVEKAR

Pjesma za tebe
mora biti jaka
kao i pomoć tvoja
meni bila je svakakva.

Otišao si tako brzo
odjednom nestao si
bilo je teško navići se
da među živima nisi.

Dao si mi sve
što si imao sam
ali teška bolest
uzete za jedan dan.

ŽIVOT

Gazim, gazit ću dugo
ovako jaka, ponosna, rastavila
sam se sa tugom.

Imam sada
vječnog druga
život se zove
nisam ni malo podkleknula
od svoje sudbine nove.

Nema težine
ima miline,
nema više nekih strašnih želja
ali ima zdravlja, sreće i veselja.

HEJ LILI

Živa kao čigra
a čovjek je pravi
upoznah te pravu
na jednoj slavi.

Iskren drug
ličnost zrela
a ne kao oni
što štižu sa sela.

Intelektualka prava
jaka kao lav.
Ima super izgled
svoj živtoni stav.

MOME MUŽU

U put sreće

zajedno s tobom

polako ulazim, gledam

dobro se snalazim.

Svaki put sreće

ima jedan cilj

zato ga gazim lako

jer ti kaziš sa mnom njim.

Hvala ti što,

ti si taj

jer gaziti srećom,

s tobom, pravi je raj.

MOJ ŽIVOT

Reci te mi

ljudi moji

zbog koga mu kosa sjedi

recite mi molim vas

koja više vrijedi.

Ili ona

Što voli mnogo dublje i dalje

ili ona što joj stalno poruke šalje.

Znam koja me voli

znam s kojom je realan raj

znam s kojom ću dočekati

života svoga kraj.

LAVIRINT

Pravi je lavirint

taj put sreće

uz pokušaj slijedi uspjeh

sam pokušaj i uspjećeš.

Vini se u lijepe

njegove staze

lako se ljudi u njima

snalaze.

Gazi ponosno

osnovno je to

pruža ti se prilika

iskoristi je pametno.

MOJA KĆERKA

Ime ti je slatko

zoveš se Kristina

ti si svojoj majci

prava cura fina.

Okice ti smeđe

dušica si prava

jako si vitka

vesela i zdrava.

Karakter ti isti

kao kod tvoga oca

ne može te niko

kupiti, sa puno novca.

Ostani mi takva

vesela i čila

ti si svojoj majci

i pre više mila.

MOJ SIN

Kad si se rodio bio si
tako mali
a sad te gledam
brzo mi odraste, ostari.

Visok, crn, zgodan
momak pravo
jedino tvrdoglav
malo.

Anđele moj
mama te voli do neba
to je sasvim normalno
to tako i treba.

MOJA MAJKA

Uvijek si tako
nježna uvjek tako krhka,
ti ženo ne izbježna
ne znaš da budeš mrska.

Patnja kroz život
uvijek pun borbe i bola
pa barem da je sreća
života tvoga pola.

Opaka bolest ponavljala se
često iz dana u dan
uh zašto to nije samo san.

Bori se voljena moja
moja majčice mila
ostani uvijek takva
kakva si do sada bila.

MOJOJ SVEKRVI

Na stazama

puta sreće

stajao je neko mio

ko se ipak ne bi

zaboraviti smio.

To je moga muža

mama, žena koja mi puno znači

osvjetli mi ovaj put

i uspije ga napraviti jačim.

Čak i u svojim godinama

koje nisu baš male

na nju uticati ne mogaše

kao da su stale.

MOJOJ DOKTORICI

Kroz beskrajni

život moj,

digla si me do neba,

ti boginjo što me vraćaš u život

baš onako kako treba.

Pomogla si mi da stanem

opet na svoje noge, ja

ti boginjo ne viđena

uvijek tako jedinstvena.

Zato budi uvijek, tako

jaka i srećna

i ostani zauvijek

molim te vječna.

Ti si glavni oslonac

od srca mog

i zato neka te čuva

sami bog.

HEJ MALENA

U užasu vremena, koja sada vlada
svila si gnjezdo ljubavi
kao nekada.

Olako gaziš, po svojoj stazi
Nema prepreka, lagano ih prolazim.

Hej malena, stani sad je kraj,
ne ona ne čuje
jer to je pravi raj.

Gnjezdo ljubavi dalje od
očaja, krhotine, bola.

Sačuva si sada u života pola.
Idem dalje
tako sada stojim
idemo dalje prošlosti se ne bojim.

MOJ DOM

Moja kuča
ponosna na zemlji stoji,
topli dom gdje žive svi moji.
Djeca, muž i ja
prava familija.

Život je divan
u raju tom
s ljubavlju punimo
topli dom.

HEROJ LJUBAVI

U vihoru ljepših

dana i noći,

nađe se ti, moj

neprijatelj samoći.

Hvala ti što postojiš

uzdišeš do visine lako

ostani takav kakav jesi

svi te već volimo tako.

Imaš veliku moć

za mene,

baš onda kad treba

lako ti se okrenem.

Heroju ljubavi

naše

ne dozvoli drugima

da nas plaše.